Persönliche Rechtsstellung

nach dem

Bürgerlichen Gesetzbuch

besprochen

von

Dr. Heinrich Dernburg,

ord. Professor an der Universität Berlin, Geheimem Justizrath, Mitglied des Herrenhauses.

Berlin 1896.

Verlag von H. W. Müller.

Buchdruckerei von Gustav Schade (Otto Francke) in Berlin N.

Inhalt.

I. Nothwendigkeit der Resignation.

Deutschland wird in kurzer Frist die Rechtseinheit in den wesentlichsten Theilen seines Privatrechts besitzen. Ein tiefgewurzelter Wunsch weiter Kreise der Nation geht damit in Erfüllung. Mit Grund erscheint ihr die Rechtseinheit als die Vollendung und Krönung der durch gewaltige Anstrengungen, unvergleichliche Staatskunst und schwere Opfer errungenen politischen Einheit.

Für ein auf volksthümlicher Grundlage ruhendes, klares und lebendiges Recht habe ich in langer Thätigkeit meine beste Kraft eingesetzt. Als ich mich im vergangenen Frühjahr im Herrenhause gegen die Erhebung des Entwurfs zum nationalen Gesetzbuch erklärte, war dies eine Konsequenz meiner wissenschaftlichen Grundanschauungen. Denn allzuweit schien mir der Entwurf von diesem Ideal entfernt.

Heute ist die Lage verändert. Die verbündeten Regierungen nehmen den Entwurf zweiter Lesung im Wesentlichen unverändert an. Man kann dies bedauern, aber der Weg, auf welchem die Rechtseinheit für Deutschland gewonnen werden soll, ist nun unausweichlich bestimmt.

Damit ist ein neuer Standpunkt gegeben.

Die Lichtseiten des gewaltigen Ereignisses, welches sich vorbereitet, treten in den Vordergrund. Nicht länger wird in Deutschland fremdes Recht in seiner Urform gelten. Dasselbe Recht dient dem Verkehr im ganzen Bereich aller deutschen Lande, giebt dem deutschen wirthschaftlichen Leben dieselbe Richtung und bestimmt die Anschauungen der Gesammtnation in einheitlicher Weise.

Wer könnte sich dem Zauber des Wortes verschließen: ein Kaiser, ein Reich, ein Recht! —

Mag die Rechtseinheit der Mängel des Gesetzbuchs unerachtet dem deutschen Patriotismus neue Flügel geben, der deutschen Rechtsprechung frisches Leben einhauchen und die deutsche Rechtswissenschaft befruchten!

Je folgenschwerer aber der Schritt ist, welcher Deutschland die Rechtseinheit geben wird, um so gebieterischer tritt die Nothwendigkeit hervor, auf die Verbesserung des Entwurfs, soweit sie thunlich ist, in jedem Stadium der Berathung bedacht zu sein und hierin nicht müde zu werden. Vielleicht können die folgenden Zeilen zu diesem Ziele beitragen und einige der Schattenseiten des Entwurfs beseitigen.

Es handelt sich hierbei um einen besonders wichtigen Gegenstand, die persönliche Rechtsstellung der Einzelnen nach den Vorschriften des Entwurfes.

II. Geschäftsfähigkeit der Minderjährigen.

Bezüglich der Geschäftsfähigkeit der Minderjährigen gilt in Preußen das Gesetz vom 12. Juli 1875. Dasselbe ist kurz und klar und wohl recht zweckmäßig. Mit Recht schließt sich daher der Entwurf des bürgerlichen Gesetzbuchs in seinem Titel über Geschäftsfähigkeit an jenes Gesetz an.

Jedoch trifft er eine erhebliche Aenderung.

Ehe ich hierauf eingehe, muß ich an die Bestimmungen des Entwurfs über die Geschäftsfähigkeit erinnern.

Der Entwurf unterscheidet „in der Geschäftsfähigkeit beschränkte", also nur theilweise willensunfähige, und „geschäftsunfähige" Personen, d. h. solche, deren Willenserklärungen völlig wirkungslos und nichtig sind.

Minderjährige sind — abgesehen von solchen unter acht Jahren — in ihrer Geschäftsfähigkeit bloß beschränkt. Denn sie sind selbständig zu Rechtsgeschäften berechtigt, durch welche sie lediglich einen rechtlichen Vortheil erlangen. Dagegen bedürfen sie der Einwilligung ihres gesetzlichen Vertreters zu Geschäften anderer Art, namentlich zu Veräußerungen und zur Uebernahme von Verpflichtungen. Unter der Bezeichnung des gesetzlichen Vertreters versteht der Entwurf den Vater sowie die Mutter, welche die elterliche Gewalt haben, den Vormund und den Pfleger.

Die Verhältnisse des Lebens machen es häufig nothwendig, daß der Minderjährige bereits selbständig seinem Erwerb nachgeht. Dies wäre unmöglich, wenn der Minderjährige zu jeder Uebernahme einer Verpflichtung, zu jeder Veräußerung die besondere Einwilligung seines gesetzlichen Vertreters bedürfte. Denn von allem Anderen abgesehen, muß er häufig sein Brod in weiter Entfernung vom Wohnsitz seines Gewalthabers oder Vormunds suchen.

Daher haben sich zwei wichtige Bestimmungen eingebürgert, welche der Entwurf übernahm.

Einmal darf nämlich der gesetzliche Vertreter den Minderjährigen allgemein dazu ermächtigen, in Dienst oder Arbeit zu treten. Dann kann der Minderjährige alle bezüglichen Dienst- und Arbeitsverträge selbständig abschließen, kündigen und auflösen. Der Vertreter des Minderjährigen darf aber jeder Zeit diese Ermächtigung nach seinem Ermessen zurückziehen.

Der gesetzliche Vertreter kann zweitens den Minderjährigen zum selbständigen Betrieb eines Erwerbsgeschäftes ermächtigen. Der Minderjährige darf sich dann, von einigen besonderen Beschränkungen abgesehen, insoweit selbständig verpflichten und veräußern, als dies durch den Geschäftsbetrieb nothwendig ist. Auch diese Ermächtigung kann der gesetzliche Vertreter dem Minderjährigen entziehen.

Insoweit stimmt der Entwurf mit dem preußischen Gesetz überein. Prüfen wir das Neue, was der Entwurf enthält.

In der Beziehung besteht ein Unterschied, daß nach dem preußischen Gesetz der Vater seinem minderjährigen Kinde den Betrieb eines Erwerbsgeschäftes selbständig verstatten, aber auch selbständig entziehen kann, daß aber der Entwurf Beides von der Genehmigung des Vormundschaftsgerichts abhängig macht.

Es ist dies ein Ausfluß des allgemeinen Bestrebens des Entwurfs, die Gewalt des Vaters über seine Kinder abzuschwächen und ihnen den Schutz des Vormundschaftsgerichts ähnlich wie im Fall einer Vormundschaft zu Theil werden zu lassen.

Ob das richtig ist, kann hier nicht erörtert werden.

Jedenfalls erscheint die Mitwirkung des Vormundschaftsgerichtes, wenn der Vater seinem Kinde den Betrieb eines Erwerbsgeschäftes verstatten will, als unzweckmäßig.

Schon das ist nicht zu billigen, daß die Ertheilung der Ermächtigung zum selbständigen Betrieb des Erwerbsgeschäftes durch den Vater, geradeso wie diejenige des Vormunds von der Genehmigung des Vormundschaftsgerichtes abhängig gemacht wird.

Denn der Vater kennt den Charakter seines leiblichen Kindes, seine Befähigung zum Betrieb eines Geschäftes am besten; er übersieht die Verhältnisse am sichersten, welche es nothwendig machen, das Kind, wenn auch in beschränkter Weise, selbständig zu etabliren. Es ist kein Grund zu entdecken, welcher uns nöthigte, gerade in dieser Hinsicht den Vater ängstlich zu kontroliren. Auch wird der Vormundschaftsrichter bei seiner Genehmigung in der Regel auf die Information des Vaters und seines Kindes angewiesen sein. Die Anforderung der Genehmigung des Vormundschaftsgerichtes wird daher meist nichts sein als unnöthige Formalität und Verweitläufigung. Ganz anders steht es natürlich bezüglich eines Vormundes, welcher dem Mündel meist fremd ist und denkbarerweise dem Mündel den selbständigen Betrieb des Geschäftes verstattet, um die Sorge für die Verwaltung des Vermögens des Mündels los zu sein. Wie verschieden die Verhältnisse des Vaters und Vormundes in dieser Hinsicht liegen, ergiebt sich auch daraus, daß der Vater, wenn sein Kind sein Vermögen beim Betrieb des Erwerbsgeschäftes verthut, dasselbe aus eigenen Mitteln alimentiren muß, während der Vormund in diesem Falle nichts zu leisten hat, sofern ihm nicht eine Verschuldung bei Ertheilung der Ermächtigung nachgewiesen werden kann.

Bedenklicher noch ist aber, daß der Entwurf den Vater bei der Zurücknahme der Ermächtigung des selbständigen Betriebes des Erwerbsgeschäftes an den Beschluß des Vormundschaftsgerichtes bindet. Der Vater sieht, daß sein minderjähriges Kind das Vertrauen täuscht, welches er in dasselbe setzte, daß es leichtsinnig spekulirt, sich mit zweideutigen und unsauberen Geschäftsleuten einläßt. Dennoch kann er der Sache kein Ende machen. Er muß sich an das Vormundschaftsgericht wenden. Dieses hat natürlich das Kind zu hören. Die Gründe des Vaters werden vom Kinde bestritten werden, es kommt zu wenig angenehmen Verhandlungen zwischen Vater und Kind. Dahinter steht die Beschwerdeinstanz, wo sich der Streit zwischen Vater und Kind fortsetzt und erneuert. Und wenn sich das Gericht von der Richtigkeit des Vorbringens des Vaters nicht überzeugt, das Kind aber dennoch hinterher beim Betrieb seines Geschäftes sein Vermögen verthut, dann muß der Vater das Kind erhalten. Das Vormundschaftsgericht giebt ihm nichts dazu.

III. Geschäftsunfähigkeit der Kinder.

Nach dem Vorbild des gemeinen Rechtes, welchem sich das allgemeine Landrecht anschloß, unterscheidet der Entwurf von den übrigen Minderjährigen diejenigen, welche das siebente Lebensjahr noch nicht vollendet haben.

Die neuere Gesetzessprache vermeidet, solche Minderjährige als „Kinder" zu bezeichnen, wie dies das allgemeine Landrecht und die Schriftsteller des gemeinen Rechtes thun. Da aber ein kurzer Ausdruck noth thut, halten wir an jener Bezeichnung fest.

Kinder sind nach dem Entwurf geschäftsunfähig, also nicht bloß in ihrer Geschäftsunfähigkeit beschränkt. Diese Geschäftsunfähigkeit hat der Entwurf mit voller Folgerichtigkeit durchgeführt. Nach ihm ist jede Willenserklärung des Kindes ohne Ausnahme nichtig, jede Milderung, wie sie das allgemeine Landrecht kannte, ausgeschlossen.

Nicht bloß für wörtliche Erklärungen des Unfähigen gilt dies, sondern für jede Bethätigung seines Willens zum Zweck eines rechtlichen Effektes, z. B. für die Aneignung einer herrenlosen Sache. Auch bezieht sich die Unfähigkeit nicht bloß auf Geschäfte, welche den Geschäftsunfähigen verpflichten, sondern ebenso auf solche, welche ihm bloß Vortheile bringen, z. B. auf Annahme von Schenkungen. Sie macht auch ferner nicht bloß Geschäfte nichtig, welche der Geschäftsunfähige in eigenem Interesse abschloß. Auch wenn ein Geschäftsunfähiger für einen Geschäftsfähigen als Vertreter bestellt ist, sind alle von ihm abgegebenen Willenserklärungen nichtig.

Ist dies Alles wirklich entsprechend?

Vergegenwärtigen wir uns einen im Leben häufigen Fall.

Humane Geber statten, wie jetzt in harter Winterzeit, arme Kinder mit dem aus, was ihnen noth thut, mit Kleidern, Schuhen, Mützen. Die Kinder und ihre Begleiter nehmen die Geschenke mit Dank und Jubel an. Die Geber werden sehr erstaunt sein, wenn sie hören, daß die Kleinen trotzdem weder Besitz noch Eigenthum am Geschenkten erhalten, solange deren gesetzliche Vertreter das Geschenk nicht ihnen gegenüber annehmen. Der Vater aber ist vielleicht auf Arbeit oder sonst abwesend. Zunächst entbehren die Kinder also allen Schutz an den ihnen zu Theil gewordenen Gaben, welche Besitz und Eigenthum gewähren.

Sind solche Rechtssätze Ergebnisse der Beobachtung der Bedürfnisse des Lebens? oder gehören sie zu den Bestandtheilen des Rechtes, die, historisch überkommen, innerer Berechtigung entbehren? Ich muß das Letztere annehmen. Gehen wir auf ihren Ursprung zurück.

Die Römer unterschieden von anderen Unmündigen die infantes, d. h. diejenigen, welche nicht sprechen konnten. Sie konnten am Rechtsverkehr nicht Theil haben, waren also geschäftsunfähig, weil sie in fest bestimmten mündlichen Reden vorzunehmende Rechtshandlungen nicht vollziehen konnten. Noch zur Zeit Hadrian's bezog sich diese Geschäftsunfähigkeit nur auf solche Kinder, welche in der That noch nicht sprechen konnten. Nach der Mitte des zweiten Jahrhunderts nach Christi Geburt suchte man nach einer festen Grenze für die infantia. Dabei entschieden aber schwerlich sachliche Erwägungen. Vielmehr mischte sich Superstition ein, welche damals weithin grassirte, und elegante Spielerei. Sieben war grade die Hälfte der Mündigkeit für Männer, die diese mit dem vollendeten vierzehnten Jahre erwarben. Sie war eine Grundzahl. Sie war — vielleicht um deswillen — eine heilige Zahl von größter Bedeutung für den römischen Aberglauben. Wer das siebente Lebensjahr vollendet hatte, betete zum erstenmal zu den Göttern um das Leben. So kam man für die infantia auf die Zahl Sieben.

Das fand Anerkennung durch die Autorität Ulpian's, welchem wir zutrauen dürfen, daß er tief befangen war, in den abergläubischen Vorstellungen der Zeitepoche*).

Das so gebildete Recht kam schon in Rom bald mit den Anforderungen des Lebens in Konflikt. In Folge dessen entstanden Streitfragen. Insbesondere traten Meinungsverschiedenheiten darüber auf, ob infantes an Sachen, welche ihnen tradirt wurden, Besitz und Eigenthum erwerben könnten. Papinian sprach sich hierfür aus. Der Kaiser Decius billigte dies bezüglich der einem Kinde geschenkten Sachen. Die gemeinrechtliche Jurisprudenz dehnte die Entscheidung des Kaisers auf die Tradition von Sachen aus jedwedem Grunde aus. —

In der gelehrten Rechtswissenschaft vererbt sich Weisheit und Unweisheit. Dies bestätigt sich wohl auch hier.

Das allgemeine Landrecht für die preußischen Staaten übernahm die römische Regel: „Alle Willensäußerungen der Kinder, welche das siebente Jahr noch nicht zurückgelegt haben, sind nichtig."

Aber das allgemeine Landrecht hat dadurch eine bedeutsame Milderung eintreten lassen, daß es vorschreibt: „Wenn der Beschenkte wegen Kindheit, Krankheit oder sonst wegen Mangels an Verstand die Absicht der Annahme des Geschenks nicht äußern kann, so kann ein jeder Dritte dasselbe für das Kind acceptiren."

Der code civil dagegen weiß von der „Siebenzahl" bezüglich der Altersstufen nichts mehr. In dem weiten Gebiet, in welchem auch außerhalb Frankreichs der code herrscht, hat sich keine Stimme dafür geregt, auf sie zurückzukommen.

Im Entwurf aber kehrt die Siebenzahl wieder. Die Milderungen, welche das römische und gemeine, sowie das preußische Recht eintreten ließ, sind hier weggefallen.

---

*) Sieben Hügel hatte die Stadt Rom; sieben Jucherte das römische Forum; sieben heilige Unterpfänder sicherten die ewige Dauer der Stadt Rom, nämlich der konische Stein, der thönerne Jupiterwagen von Veji, die Asche des Orestes, das Scepter des Priamus, der Schleier der Helena, die Ancilien, das Palladium.

Die Ergebnisse werden keine günstigen sein.

Die Großmutter schenkt auf dem Krankenbett ihren Schmuck, welcher seit langer Zeit auf die Töchter der Familie vererbt wird, ihrer sechsjährigen Enkelin in Gegenwart der Gouvernante derselben. Die Enkelin und für sie deren Gouvernante nehmen das Diamantkreuz mit Dank an. Die Gouvernante behält den Schmuck für sich, die Großmutter stirbt. Ob die Gouvernante eine Unterschlagung begeht, hängt von der feinen, im gemeinen Recht viel erörterten juristischen Streitfrage ab, ob die Großmutter den Besitz und das Eigenthum am Schmuck endgültig aufgegeben hat, oder nur bedingt für den Fall, daß Beides auf ihre Enkelin übergeht. Keinenfalls erwirbt aber die Enkelin Besitz und Eigenthum des Geschenkten.

Ein Knabe erbeutet in einer von ihm gestellten Falle ein nicht jagdbares Thier, er fängt durch Fischen einen tüchtigen Hecht. Ein vorübergehender Strolch läßt sich das Erbeutete zeigen und nimmt es trotz des Widerspruchs des Knaben mit sich. Ist der Strolch ein Dieb? Dies ist zur Zeit auch nach gemeinem und preußischem Rechte zu verneinen. Denn die Frage hängt nicht davon ab, ob der Knabe die Gewahrsam an dem Erbeuteten hat — darüber mag man streiten —, sondern ob der Strolch eine fremde bewegliche Sache wegnahm. Dies läßt sich, wie der Fall liegt, schwerlich bejahen. Nach dem Entwurf ist es vollends nicht anzunehmen.

Schwerlich ist es also berechtigt, Kinder schlechthin für geschäftsunfähig zu erklären.

Und nun kommen wir auf den oben erwähnten Fall der Schenkung von Kleidungsstücken an arme Kinder zurück.

Nach römischem und gemeinem Recht wird das Kind Eigenthümer des Geschenkten. Nach preußischem Recht kann jeder Begleiter des Kindes das Geschenk für dasselbe annehmen; nach dem code civil ist der Eigenthumserwerb des Kindes nicht in Frage. Nach dem Entwurf erlangt das Kind weder Besitz noch Eigenthum. Dies gilt auch dann, wenn der Vater zur Zeit abwesend ist und die Mutter an Stelle des Vaters das Geschenk für das Kind annimmt. Denn nach dem Entwurf kann die Mutter ihren Ehemann, wenn derselbe zeitweise behindert ist, nicht vertreten.

Unseres Erachtens steht nichts im Wege, dem code civil zu folgen, wenn man nicht zum Mindesten die Modifikationen des bisherigen Rechts beibehalten will. Ist das Kind noch in einem Alter, in welchem es von der Bedeutung von Haben und Besitzen schlechthin nichts begreifen kann, so ist es auch ohne besondere Bestimmung „geschäftsunfähig", weil natürlicherweise willensunfähig

IV. Geschäftsunfähigkeit der wegen Geisteskrankheit Entmündigten.

Als unheimliches Gespenst tritt die Geisteskrankheit in die moderne bürgerliche Gesellschaft.

Auf dem Nährboden einer hochentwickelten Kultur, im Gefolge maßlosen, überanstrengenden geistigen und körperlichen Ringens und Strebens mehrt sich stetig das Zerrbild des Menschlichen, die Geisteskrankheit, in hundert Formen und Gestaltungen. Oft löscht die Geisteskrankheit den vernünftigen Willen völlig aus, nicht selten wechselt sie mit lichten Zwischenzeiten, häufig beherrschen die „fixen Ideen" die Lebensthätigkeit des von ihnen Ergriffenen nur theilweise. Grade hierin liegt die Schwierigkeit der juristischen Behandlung in Straf- und in Civilsachen. Es hat Geisteskranke gegeben, welche einen Büreaudienst mit musterhafter Pünktlichkeit versahen. Es kommt vor, daß hervorragendes Talent und Geisteskrankheit gepaart sind. Wir haben es kürzlich erlebt, daß ein wegen Prozeßwahnsinns schlimmster Art entmündigter Arzt seine Praxis zur Zufriedenheit seiner Patienten und zu deren Wohl verwaltete.

In Folge der Zunahme der Geisteskrankheit vermehren sich die Irrenanstalten in erschreckender Weise. Die großen Kommunen, insbesondere Berlin, sind genöthigt, ihre Irrenhäuser fortgesetzt zu erweitern oder neue zu bauen. Nicht minder umgiebt ein Kranz von Privatirrenhäusern die größeren Städte. Derartige Anstalten bestehen unzählige im deutschen Reiche.

Die in die Irrenhäuser Verbrachten müssen zum großen Theil von Andern, sei es von ihren Angehörigen, sei es von den Gemeinden, erhalten werden. Zu produktiver Beschäftigung können sie dort nicht leicht angehalten werden.

Daneben giebt es, nicht gemeingefährliche, Geisteskranke, welche ihrem Lebensberuf in der Freiheit nachgehen und in Folge dessen sich und ihre Familie ernähren, mindestens aber ihren Angehörigen oder den Kommunen nicht ausschließlich zur Last fallen. Sind solche Geisteskranke wirklich im Stande, eine nützliche Thätigkeit zu entwickeln und stetig zu verfolgen, so liegt hierin ein wichtiges Moment, um das Fortschreiten der Krankheit zu hemmen.

Daher hat, wie man glauben sollte, das Recht allen Grund, den wegen Geisteskrankheit Entmündigten thunlichst zu ermöglichen und zu erleichtern, einem Lebensberuf obzuliegen.

Ist das nach dem Entwurf der Fall?

Nach seinen Vorschriften ist geschäftsunfähig

1. wer das siebente Lebensjahr nicht vollendet hat,

2. wer sich in einem Zustande krankhafter Störung der Geistesthätigkeit befindet, durch den seine freie Willensthätigkeit ausgeschlossen ist,

3. wer wegen Geisteskrankheit entmündigt ist.

Die Fassung des Entwurfs ergiebt deutlich, daß die wegen Geisteskrankheit Entmündigten geschäftsunfähig sind, auch wenn und soweit sie natürlicher Weise Einsicht und vernünftigen Willen haben. Sonst hätte es keinen Sinn, unter Ziffer 2 die Geisteskranken als geschäftsunfähig zu erklären und unter Ziffer 3 die wegen Geisteskrankheit Entmündigten gleichfalls.

Durch diese Bestimmungen tritt der Entwurf in Widerspruch mit den in Deutschland bisher geltenden Rechten.

Nach gemeinem Rechte hat die Entmündigung wegen Geisteskrankheit als solche überhaupt keinen Einfluß auf die Geschäftsfähigkeit des Entmündigten. Seine Willenserklärungen sind vielmehr gültig, wenn er nur nachweisbar die natürliche Fähigkeit zu deren Vornahme hatte. Ich verweise hierfür auf eine Stelle meiner Pandekten:

„Der Geisteskranke, welcher lichte Augenblicke hat, ist während derselben handlungsunfähig, auch wenn er entmündigt ist und einen Kurator hat.

Hieraus ist zu folgern, daß Geisteskranke, die partiell krank, aber, von ihren fixen Ideen abgesehen, bei Vernunft sind, insoweit handlungsfähig sind, als ihre Vernunft reicht, auch wenn sie unter Vormundschaft stehen.

Ueberhaupt entzieht nach gemeinem Rechte das Stellen unter Kuratel die Handlungsfähigkeit nicht, wenn diese natürlicherweise besteht."

Das allgemeine Landrecht legt allerdings auf die Entmündigung Gewicht.

Es unterscheidet aber einerseits „Rasende und Wahnsinnige", andererseits „Blödsinnige". Erstere erklärt es für geschäftsunfähig. „Sind sie als solche entmündigt, so soll nicht darauf Rücksicht genommen werden, daß ihre Willenserklärungen in einem lichten Zwischenraum erfolgt sind." Dagegen bezeichnet es gewisse andere Geisteskranke als „Blödsinnige" und stellt sie nur den Unmündigen gleich. Sie können sich also berechtigen, der Vormund darf ihnen verstatten sich einen Beruf zu suchen.

Die angeführten Bezeichnungen des Landrechts sind unpassend und verwirrend. Die heutige psychiatrische Wissenschaft versteht jedenfalls unter Blödsinn etwas anderes als das Landrecht. Aber der Sache nach sind die Vorschriften des Landrechts brauchbar, denn die Gerichte entmündigen in der Regel diejenigen, welche nicht offenbar völlig von Sinnen sind, bloß als Blödsinnige. In Folge dessen ist ihnen eine ihren Fähigkeiten entsprechende Lebensthätigkeit nicht abgeschnitten.

Der Code civil endlich kennt eine absolute Nichtigkeit bei Verhältnissen, wie das vorliegende, überhaupt nicht. Die Entmündigten haben nach seinen Bestimmungen nur Anfechtungsrechte, wie Minderjährige, und sind hiernach, wenn auch in beschränktem Sinne, geschäftsfähig.

Der Entwurf trifft also eine Neuerung und stellt sich zu Ungunsten der Entmündigten in Gegensatz zu den drei großen Rechtssystemen, welche zur Zeit den bei weitem größten Theil Deutschlands beherrschen. Vergegenwärtigen wir uns die praktischen Ergebnisse.

Eine Unverheirathete war in Folge einer fixen Idee entmündigt und lebt bei ihrer Schwester. Als geschickte Näherin erwirbt sie sich durch unausgesetzten Fleiß ihren Lebensunterhalt, und erspart sich durch angestrengte Arbeit die Mittel, um auf Abzahlung eine Nähmaschine zu erwerben. Die Schwester macht Schulden, der Gerichtsvollzieher pfändet bei ihr die Nähmaschine der Entmündigten. Kann diese interveniren und „ihre" sauer verdiente Nähmaschine zurückfordern? Sie hat keinen Besitz, kein Eigenthum. Ich wüßte nicht, worauf sie eine Interventionsklage stützen könnte. Welchen Einfluß wird dies Ereigniß auf die Krankheit der Entmündigten haben?

Die Näherin macht aus, daß sie längere Zeit beschäftigt wird. Die Konjunktur ändert sich: der Besteller erklärt sich ohne weiteres nicht für gebunden die Arbeit abzunehmen und zu bezahlen. Entspricht das der Billigkeit?

Nach preußischem Recht kann der Vormund seinem als blödsinnig entmündigten Mündel verstatten, selbständig Dienstverträge abzuschließen, oder auch ein selbständiges Erwerbsgeschäft zu betreiben. Daß dies unter Umständen ganz gut geht, zeigt die Erfahrung. Nach dem Entwurf hört dies auf. Der Entmündigte ist geschäftsunfähig. Er kann auch nicht als Vertreter eines Anderen, wozu er möglicherweise qualificirt ist, fungiren. Denn Willenserklärungen, die er, wenn auch im Namen des Vertretenen, abgiebt, und Erklärungen, welche ihm gegenüber abgegeben werden, sind nichtig.

Die Vorschriften des Entwurfs können besonders dann nachtheilig wirken, wenn der wegen Geisteskrankheit Entmündigte aus der Irrenanstalt als „geheilt" entlassen ist, das Gericht aber zögert, die Aufhebung der Entmündigung auszusprechen, vielleicht weil ihre Verwandten aus mehr oder minder stichhaltigen Gründen widersprechen und ihre Einwendungen erst geprüft werden müssen.

Inzwischen bleibt der als geheilt Entlassene geschäftsunfähig. Es ist ihm unmöglich, sein altes Geschäft wieder aufzunehmen, ein neues zu beginnen. Die nothgedrungene Unthätigkeit kann auf seinen Geisteszustand nicht förderlich wirken.

Die Vorschriften des Entwurfs sind vom Standpunkt der Humanität nicht zu billigen. Sie sind auch socialpolitisch nicht zweckmäßig. Denn je mehr die Möglichkeit selbständigen Erwerbes gehindert wird, desto mehr müssen die Kommunen belastet und die Irrenhäuser überfüllt werden.

Will man nicht zum gemeinen Recht zurückkehren, so begnüge man sich damit, die wegen Geisteskrankheit Entmündigten entsprechend dem code civil den Minderjährigen gleichzustellen. Daneben bleibt selbstverständlich bestehen, daß sie nach Ziff. 2 des Entwurfs geschäftsunfähig sind, soweit ihnen klare Einsicht und jeder vernünftige Wille fehlt.

V. Recht des Vormunds über die Person entmündigter Großjähriger.

„Die Sorge — des Vaters — für die Person des Kindes umfaßt das Recht und die Pflicht, das Kind zu erziehen, zu beaufsichtigen und seinen Aufenthalt zu bestimmen.

Der Vater kann kraft des Erziehungsrechtes angemessene Zuchtmittel gegen das Kind anwenden. Auf seinen Antrag hat das Vormundschaftsgericht ihn durch Anwendung geeigneter Zuchtmittel zu unterstützen."

So bestimmt der Entwurf übereinstimmend mit dem bisherigen Rechte. Dies ist gewiß unbedenklich. Denn die natürliche Liebe des Vaters zu seinem Kinde bewirkt, daß er von seinem Zuchtrecht in den allermeisten Fällen den richtigen Gebrauch macht.

Eher könnte beanstandet werden, daß der Entwurf dieselben Rechte, wie dem Vater, dem Vormund bezüglich der Person des Minderjährigen giebt. Hier ist die Gefahr des Mißbrauchs größer. Das Abgeordnetenhaus hat daher seiner Zeit bei Berathung der preußischen Vormundschaftsordnung eine entsprechende Bestimmung abgelehnt. Ich glaube mit Unrecht. Nicht wenige elternlose Minderjährige wachsen verwahrlost auf und bedürfen strenger Zucht. Im Ganzen kümmern sich die Vormünder um ihre minderjährigen Mündel eher zu wenig, als zu viel.

Sollte es aber nicht richtig sein, dem Vormund eines entmündigten Großjährigen, insbesondere eines Trunksüchtigen, ein Zuchtrecht über denselben zu entziehen?

Dies thut der Entwurf nicht. Denn er bestimmt:

„Auf die Vormundschaft über Volljährige finden die für die Vormundschaft über Minderjährige geltenden Vorschriften Anwendung, soweit sich nicht aus §§ 1774—1783 ein Anderes ergiebt."

Hiernach hat der Vormund des wegen Verschwendung und Trunksucht Entmündigten mit dem Recht, denselben zu erziehen, auch die Befugniß zur Anwendung von Zuchtmitteln gegen denselben.

Allerdings wird besonders bezüglich der Volljährigen verfügt, „der Vormund hat für die Person des Mündels nur insoweit zu sorgen, als der Zweck der Vormundschaft es erfordert".

Hierin liegt aber keineswegs eine Ausschließung des dem Vormund des Volljährigen durch die allgemeine Gleichstellung mit dem Vormund des Minderjährigen eingeräumten Erziehungs- und Zuchtrechtes.

Insbesondere fordert der Zweck der Entmündigung wegen Trunksucht, den Trunksüchtigen zur Nüchternheit zu erziehen, und die Anwendung von Zwangsmitteln ist hierbei oft nicht ganz zu vermeiden. Denn wo die böse Leidenschaft den Willen übermannt, müssen nicht selten äußere Mittel eintreten, welche sie in Schranken hält.

Gegen Anordnungen des Vormundschaftsgerichtes zu diesem Zweck läßt sich daher nichts erinnern, wenn die Anforderungen der Humanität gewahrt werden.

Bedenklich aber scheint mir, einem Privaten, dem Vormund, nach eigener Würdigung dessen, was der Zweck der Vormundschaft erfordert, die Anwendung von Zucht- und Besserungsmitteln über einen Großjährigen zu verstatten.

Hieran können sich grobe Ausschreitungen und beklagenswerthe Mißbräuche knüpfen.

Das Loos eines Auszüglers z. B., welcher wegen Trunksucht entmündigt und den Bauern der Gemeinde lästig und verhaßt ist, kann leicht ein bedauerliches werden.

Es scheint uns unerläßlich, die Rechte eines Vormunds bezüglich der Person des wegen Trunksucht oder Verschwendung Entmündigten schärfer zu präcisiren, als dies der Gesetzentwurf thut.

VI. Recht der Ehefrau zur Vertretung ihres abwesenden oder erkrankten Ehemannes.

Es ist gutes deutsches Recht, welches in dem Gefühl und in der Anschauung des Volkes wurzelt, daß die Ehefrau ihren Ehemann vertreten kann, wenn derselbe an der Besorgung seiner Geschäfte durch Abwesenheit oder Krankheit verhindert ist.

Ist doch die Ehefrau zur Mitarbeit im Geschäft ihres Ehemannes verpflichtet, nicht wie ein Miethling, welcher in fremden Diensten steht, sondern als Genosse, Mitarbeiter, und darum auch als Vertreter mindestens in Nothfällen.

Wie andere deutsche Partikularrechte erkennt das allgemeine Landrecht jene Pflicht, aber auch dieses Recht der Ehefrau an, so daß sie bei Verhinderung des Mannes Alles thun kann, was zu einer ordentlichen Geschäftsführung gehört.

Der Entwurf schreibt vor, daß die Ehefrau zu Arbeiten im Hauswesen und im Geschäfte des Ehemanns verpflichtet ist, soweit eine solche Thätigkeit nach den Verhältnissen der Ehegatten üblich ist.

Gleichwohl, entzieht der Entwurf der Ehefrau, wenn die Ehegatten nach seinem regelmäßigen gesetzlichen Güterrecht leben, das Recht zur Vertretung ihres Ehemannes in Nothfällen. Anders, wenn die Ehegatten durch Vertrag allgemeine Gütergemeinschaft unter sich einführten. Für diesen Fall wird bestimmt:

„Ist der Mann durch Krankheit oder Abwesenheit verhindert, ein auf das Gesammtgut sich beziehendes Rechtsgeschäft vorzunehmen, oder einen auf das Gesammtgut sich beziehenden Rechtsstreit zu führen, so kann die Frau in eigenem Namen oder im Namen des

Mannes das Rechtsgeschäft vornehmen oder den Rechtsstreit führen, wenn mit dem Aufschube Gefahr verbunden ist."

Auch der Entwurf betrachtet also eine derartige Vertretung an und für sich nicht für unzulässig. Es entbehrt zureichenden Grundes, wenn er eine solche im Fall des gesetzlichen ehelichen Güterrechts nicht anerkennt.

Auch bei getrennten Gütern stehen sich ja die Ehegatten nicht wie Fremde gegenüber. Der Ehemann hat vielmehr von Rechtswegen an dem Vermögen der Ehefrau Verwaltung und Nießbrauch.

Man verweist wohl für die Entbehrlichkeit eines gesetzlichen Vertretungsrechtes der Frau bei Verhinderung ihres Mannes darauf, daß der Ehemann seiner Ehefrau für derartige Fälle vorsorglich besondere **Vollmacht** geben könne, wie schon jetzt bezüglich des Empfanges von Zahlungen der Post und der Reichsbank geschieht. Dies könne genügen. In der That mag dies für die gelehrten und reichen Stände zutreffen. Aber es wird sich wohl noch lange nicht einbürgern, daß sich in dem Hause des Bauern eine besondere schriftliche Vollmacht findet, wonach die Bäuerin ihren Ehemann in Nothfällen vertreten darf, und auch im Handwerkerstand und bei sonstigen kleinen Leuten wird man sich schwer an die Ausstellung solcher Vollmachten gewöhnen.

Ist es doch Menschenart, daß man dann, wenn Alles glatt geht, an künftige, besonders unglückliche Komplikationen nicht denkt und daher auch nicht vorsorgt.

Die Motive des ersten Entwurfs behaupten, die Anerkennung einer derartigen Vertretungsbefugniß der Ehefrau sei für den vertretenen Ehegatten bedenklich und gefährlich. Aber der Ehemann, welcher kein Vertrauen zu seiner Ehefrau hat, dürfte ihr dies Vertretungsrecht ebenso gut entziehen wie die sog. Schlüsselgewalt. Worin soll also das Bedenkliche für ihn liegen? Es handelt sich doch nur um Ausnahmefälle im deutschen Leben, wenn die Ehegatten nicht einträchtig zusammen wirthschaften. Solche Fälle sollte das Gesetz nicht zur Grundlage seiner Normen machen.

Dritte sind nicht gefährdet. Denn die Entziehung des Vertretungsrechtes der Ehefrau würde Dritten nur schaden, wenn sie in das Güterregister eingetragen oder den Dritten bekannt war, wie dies nach dem Entwurf bei Entziehung der Schlüsselgewalt der Frau der Fall sein soll.

Die Motive führen freilich auch aus, für das Vertretungsrecht der Ehefrau bestehe keine Nothwendigkeit, „denn dem Bedürfnisse werde durch die Vorschriften über die Geschäftsführung ohne Auftrag und über die ungerechtfertigte Bereicherung sowie durch die Bestimmungen des Vormundschaftsrechtes über die Gründe, aus denen eine Vormundschaft oder Pflegschaft eingeleitet werden kann, wenigstens für die große Mehrzahl der Fälle in ausreichender Weise Rechnung getragen".

Gerade dies läßt sich aber nicht zugeben.

Ein Handwerksmeister ist schwer erkrankt, wochenlang fehlt das klare Bewußtsein, wie bei langwierigem Nervenfieber nicht selten der Fall ist. Inzwischen ist der Geselle faul, bösartig, liederlich und ruinirt das Geschäft. Soll ihm die Meisterin nicht kündigen dürfen? Nach dem Entwurf ist ihr das unmöglich.

Die Hülfsmittel, auf welche die Motive verweisen, versagen also.

Dritte haben an den Ehemann Zahlungen zu machen, auf deren richtigem Eingehen die Fortführung des Geschäftes des Mannes beruht. Auch wenn die Schuldner willig sind, kann die Entziehung des Vertretungsrechtes der Frau die Einzahlung hindern. Denn an einen bloßen Geschäftsführer zu zahlen, welcher nicht befugt ist mit befreiender Wirkung zu quittiren, ist nicht Jedermanns Sache.

Gerade die kleineren Leute werden durch die Behandlungsweise des Verhältnisses durch den Entwurf geschädigt werden. Es wird aber auch dem Rechtsgefühl des Volkes eine Wunde geschlagen.

Mindestens bezüglich der Angelegenheiten ihrer Kinder sollte man der Ehefrau und Mutter das Recht geben, in Nothfällen ihren verhinderten Ehemann zu vertreten.

Das Gegentheil ist der Fall. Denn der Entwurf bestimmt kategorisch: „während bestehender Ehe ist die Mutter zur Vertretung ihres Kindes nicht berechtigt".

Allerdings kennt der Entwurf eine elterliche Gewalt der Mutter über ihre Kinder.

Sie tritt aber nur ein, wenn die Gewalt des Vaters erloschen ist oder ruht. Dieselbe ruht nur, wenn von dem Vormundschaftsgerichte festgestellt wird, daß der Vater auf längere Zeit an der Ausübung der elterlichen Gewalt thatsächlich verhindert ist.

Das sind andere Fälle als die hier behandelten. Bei kürzerer Verhinderung des Ehemannes und so lange das Vormundschaftsgericht noch nicht gesprochen hat, fehlt der Mutter das Vertretungsrecht ihres behinderten Ehemannes auch in den dringendsten Nothfällen.

VII. Das Kündigungsrecht nach dem Entwurf.

Obgleich wir planmäßig hier nur die persönliche Rechtsstellung nach dem Entwurf besprechen, so drängt sich uns doch, da der Kündigung im Laufe der Erörterung mehrfach gedacht werden mußte, an diesem Orte eine Bemerkung über das Kündigungsrecht des Entwurfes auf.

Die Kündigung ist, wie die Mahnung, im Entwurf unter den allgemeinen Begriff des einseitigen Rechtsgeschäftes gebracht.

Mit Recht kann nach dem Entwurf nur der Betheiligte kündigen oder wer ihn in Folge einer Vollmacht desselben oder nach dem Gesetze vertritt. Kündigung durch „Vertreter ohne Vertretungsmacht", wie der Entwurf sich ausdrückt, d. h. durch einen unbeauftragten Geschäftsführer, ist unwirksam. Dies mit Recht. Eine Kündigung, welche noch in der Schwebe bleibt bis der Geschäftsherr genehmigt, ist keine richtige Kündigung, weil sie nicht endgültig ist.

Der Entwurf bestimmt aber weiter:

„Ein einseitiges Rechtsgeschäft, das ein Bevollmächtigter einem Anderen gegenüber vornimmt, ist unwirksam, wenn eine Vollmachtsurkunde nicht vorgelegt und das Rechtsgeschäft aus diesem Grunde von dem Anderen unverzüglich zurückgewiesen wird. Die Zurückweisung ist ausgeschlossen, wenn der Vollmachtgeber den Anderen von der Bevollmächtigung in Kenntniß gesetzt hat."

Hierdurch will der Entwurf dem Gekündigten sicherstellen, daß die Kündigung wirklich von dem Kündigungsberechtigten ausgeht.

Aber er thut dies in einer Weise, welche dem Verkehr schwere Hindernisse bereiten kann und leicht zur Chikane mißbraucht werden wird.

Denn die Sicherheit, daß der Kündigende zur Kündigung berechtigt war, ist im Leben vielfach vorhanden, auch wenn er seine Vollmacht nicht vorlegt und der Geschäftsherr den Anderen nicht besonders in Kenntniß gesetzt hat.

Ein Fabrikdirektor ist genöthigt, einer größeren Zahl Arbeiter zu kündigen. Die Arbeiter verlangen auf den Rath eines sachkundigen Vertrauensmannes Vorlegung der schriftlichen Vollmacht des Direktors nach der Kündigung. Er muß sie ihnen Mann für Mann zur Kenntnißnahme und Prüfung vorlegen und sich zugleich den Beweis der Vorlegung von jedem einzelnen sichern.

Der Fürst X. hat seit Jahren den Generaldirektor Y. als seinen Vertreter bestellt. Der Generaldirektor kündigt beim Quartalsschluß Miethern, Pächtern, Darlehensnehmern. Aber ein Volksanwalt, welcher sich in der Gegend niederließ, belehrt die Gekündigten über ihr Recht, wonach Jeder Vorlegung der schriftlichen Vollmacht des Kündigenden verlangen kann!

Kündigungen pflegen überhaupt, da man den Schritt häufig so lange als möglich überlegt, erst im letzten Augenblick zu geschehen.

Die Folge der neuen Bestimmung wird daher vielfach sein, daß der Termin zur Einlegung der Kündigung verstreicht, die Kündigung also unwirksam wird.

Man wird vielleicht unterstellen, daß die Gerichte auf Chikanen, wie die hervorgehobenen, nicht eingehen werden, daß sie also in derartigen Fällen von der Vorlage der Vollmachtsurkunde absehen.

Jedenfalls wäre dies aber gegen den klaren Wortlaut des Gesetzes. Würden die Gerichte hierauf eingehen, so würde große Unsicherheit entstehen, wo das Gesetz Sicherheit und Bestimmtheit erstrebte.

Alle besonderen künstlichen Bestimmungen über Kündigung, wie sie im Entwurf zahlreich sind, werden daher am besten gestrichen. Das Leben und die Jurisprudenz hat sich bisher ohne solche sehr gut geholfen. Es ist bedenklich, durch derartige Bestimmungen die Gekündigten zu Chikanen aufzumuntern.

VIII. Lebenslängliche Dienstverträge.

Dienstverträge „auf Lebenszeit" galten bisher in Deutschland nicht als gültig.

Denn sie machen die Person des Bediensteten unfrei und nach dem Vorbild des römischen Rechtes gilt jede Verfügung „per quam jus libertatis infringitur" als ungültig.

Dies ist auch preußisches Recht. Die preußische Verfassungsurkunde Artikel 5 erklärt in der allgemeinsten Form

„Die persönliche Freiheit ist gewährleistet".

Das ist ein Grundsatz für das öffentliche Recht, für die Privatrechtsordnung.

Dieser Grundgedanke hat sich in einzelnen Anwendungen schon im ersten Decennium unseres Jahrhunderts zur Geltung gebracht.

Schon die Gesindeordnung vom 8. November 1810 bestimmt im § 40: Niemand kann sich zu einer Dienstzeit verpflichten, die nicht entweder durch eine gewisse Anzahl von Jahren oder Monaten, Wochen, Tagen ausgedrückt oder doch so bestimmt ist, daß jedem Theile freisteht, nach vorgängiger Kündigung von dem Vertrage abzugehen.

Das Edikt vom 14. September 1811 § 7 verordnet:

„Jedem Grundbesitzer steht zwar frei, so viel Arbeitsfamilien, wie er zu bedürfen glaubt, auf seinem Eigenthum abzusetzen und ganz oder theilweise durch Landnutzung abzulohnen. Damit sich aber hierdurch nicht neue kulturschädliche Verhältnisse bilden, so sollen die Miethsverträge nicht länger als zwölf Jahre umfassen.

So in einer Zeit, wo die Bevölkerung an die Gutsunterthänigkeit gewohnt war und Dienstverträge auf Lebenszeit für Viele daher gewiß nichts Befremdendes hatten.

Nun aber wird vorgeschlagen, die Verbindungskraft von Dienstverträgen auf Lebenszeit anzuerkennen.

Allerdings stellt der Entwurf als Regel die Unzulässigkeit von Dienstverträgen auf Lebenszeit auf. Was aber der Vordersatz feststellt, wirft der Nachsatz um:

„Ist das Dienstverhältniß für die Lebenszeit einer Person oder für längere Zeit als fünf Jahre eingegangen, so kann es von dem zur Dienstleistung Verpflichteten nach dem Ablauf von fünf Jahren gekündigt werden. Die Kündigungsfrist beträgt sechs Monate. Die Kündigung ist nicht zulässig, wenn der Verpflichtete durch einen Andern leisten darf.“

Wenn also ein Gutsbesitzer einen Arbeiter ansiedelt, ihn zu lebenslänglichen Diensten verpflichtet, und ihm freistellt, diese Dienste durch Familienangehörige oder auch durch Andere zu leisten, so bindet der Vertrag den Arbeiter auf Lebenszeit.

Es genügt, daß der Dienst durch einen Anderen geleistet werden darf; es ist nicht nothwendig, daß er durch einen Anderen geleistet werden kann.

Daher könnte auch der Fabrikherr sich durch zweckmäßig abgefaßte Verträge einen lebenslänglich gebundenen Arbeiterstand schaffen.

Vergegenwärtigen wir uns die Sache etwas näher.

Ein eben großjährig Gewordener schließt einen Dienstvertrag auf Lebenszeit, in welchem ausgemacht wird, daß auch ein Anderer die Dienste leisten darf. In Noth und arbeitslos, ist er glücklich, eine Stellung zu finden; er begnügt sich mit niedrigen Bezügen; er darf wohl einen Anderen stellen, welcher für ihn eintritt, aber er kann solchen Anderen nicht finden.

Gleichwohl ist er an den Vertrag sein Leben lang gebunden. Um den Vertrag zu erfüllen, muß er am Wohnorte des Dienstherrn verbleiben.

Legt er etwa seine Stellung nieder, so kann ihn der Dienstherr verklagen und sich vom Prozeßgericht ermächtigen lassen, auf Kosten des Schuldners die Handlung von einem Dritten vornehmen zu lassen. Er kann auch verlangen, den Schuldner zur Vorauszahlung der Kosten zu verurtheilen, welche durch die Vornahme der Handlung entstehen werden. Natürlich wird er zunächst nur auf Erfüllung der Handlung für eine kürzere Frist klagen, z. B. ein Jahr, und den entsprechenden Betrag, wenn der Verpflichtete etwas verdient hat, von ihm beitreiben. Dies kann dann der Dienstherr Jahr für Jahr wiederholen, ein langes Leben des Verpflichteten hindurch. Das wird den Verpflichteten schon mürbe machen.

Die Neuerung des Entwurfs, lebenslängliche Dienstverträge für zulässig zu erklären, ist gewiß nicht zu billigen.

Und sie hat weittragende Konsequenzen.

Wird nun verstattet, unter dem Einfluß einer augenblicklichen Situation obligatorische Verpflichtungen für das ganze Leben mit rechtsverbindlicher Kraft einzugehen, so wird damit das Rechtssystem im Ganzen beeinflußt. Der stets festgehaltene Grundsatz, daß die persönliche Freiheit durch privatrechtliche Vereinbarungen nicht dauernd aufgehoben werden kann, wird in Frage gestellt, insbesondere wird der bisherigen Jurisprudenz über die zeitliche und örtliche Beschränkung des Konkurrenzverbotes der Boden entzogen.

Pandekten von **Heinrich Dernburg**, ord. Professor des Rechtes an der Universität Berlin. Vierte, verbesserte Auflage. 3 Bände. 1894. M. 29,—; in 2 eleg. Halbfranzbänden M. 32,50.

Die Phantasie im Rechte. Vortrag von **Dr. Heinrich Dernburg.** 2. Auflage. 1894. M. 1,—.

Allgemeines Landrecht für die Preußischen Staaten nebst den ergänzenden und abändernden Bestimmungen der Reichs- und Landesgesetzgebung. Mit Erläuterungen von **H. Rehbein** und **O. Reincke**, Reichsgerichtsräthen. Fünfte, verbesserte Auflage. 1894. 4 Bände M. 32,—; in 4 Leinenbänden M. 35,—; in 4 eleganten Halbfranzbänden M. 38,—.

Die Deutsche Civilprozeßordnung. Erläutert von **O. Reincke**, Reichsgerichtsrath. Zweite, verbesserte Auflage. 1893. M. 16,—; gebunden M. 17,50.

Schutz der Waarenbezeichnungen. Nach dem Gesetz vom 12. Mai 1894 bearbeitet von **O. Meves**, Reichsgerichtsrath. 1894. Cartonnirt M. 3,50.

Das Europäische Völkerrecht der Gegenwart auf den bisherigen Grundlagen. Von **Dr. A. W. Heffter**, Obertribunalsrath a. D., ord. Professor des Rechts 2c. Achte Ausgabe, bearbeitet von **Dr. F. H. Geffcken.** M. 12,—; eleg. gebunden M. 14,—. Dasselbe Werk in französischer Sprache unter dem Titel: Le droit international. 4. Auflage. M. 13,—; elegant gebunden M. 15,—.

Geschichte des kirchlichen Benefizialwesens von seinen Anfängen bis auf die Zeit Alexanders III. Von **Dr. U. Stutz**, a. o. Professor in Basel. I. Band. 1. Hälfte. 1895. M. 12,—.

Die Lehre vom Einkommen. Vom Standpunkt des gemeinen Civilrechts unter Berücksichtigung des Entwurfs eines bürgerlichen Gesetzbuches für das Deutsche Reich von **L. v. Petrażycki.**

I. Band. Grundbegriffe. 1893. M. 7,50.

II. Band. Einkommensersatz. 1. Grundlegung; 2. Zinsen; 3. Arbeitseinkommen, Honorar, Unternehmergewinn; Anhang: Entwurf (II), Civilpolitik und politische Oekonomie. 1895. M. 12,50.

Das in Deutschland geltende Erbrecht mit Ausschluß des Erbrechtes der Ehegatten. — Das Rechtsverhältniß der unehelichen Kinder. Von **W. Neubauer**, Kammergerichtsrath. 1890. M. 1,50.